ANALISI DEL LIBRO

AF137521

W, o il ricordo d'infanzia

· · · · · · · · · · · · · ·

GEORGES PEREC

ANALISI DEL LIBRO

Scritto da David Noiret
Tradotto da Sara Rossi

W, o il ricordo d'infanzia

. . . .

GEORGES PEREC

MUST
READ

GEORGES PEREC

SCRITTORE FRANCESE

- **Nato a Parigi nel 1936.**
- **Morto a Ivry-sur-Seine nel 1982.**
- **Opere degne di nota:**
  - *Le cose. Una storia degli anni Sessanta* (1965), romanzo
  - *La scomparsa* (1969), romanzo
  - *La vita, istruzioni per l'uso* (1978), romanzo

Georges Perec è stato uno dei più singolari scrittori francesi del XX secolo. Dopo aver studiato storia e sociologia alla Sorbona di Parigi, è diventato archivista nel dipartimento di neurofisiologia del Centro nazionale francese per la ricerca scientifica. Ha vinto il Prix Renaudot per il suo primo romanzo, *Le cose. Una storia degli anni Sessanta*, nel 1965, e da allora si dedica alla letteratura. Nel 1967 entra a far parte del gruppo Oulipo (abbreviazione di *Ouvroir de littérature potentielle*, ovvero "laboratorio di letteratura potenziale"), fondato dallo scrittore Raymond Queneau (romanziere, poeta e drammaturgo francese, 1903-1976) e dal matematico François Le Lionnais (1901-1984), che propugna l'uso di vincoli come parte integrante della scrittura. In seguito, la sua produzione letteraria è stata strettamente legata a questo gruppo. Tra le sue opere più note ricordiamo *La scomparsa* (romanzo poliziesco in cui non viene utilizzata la lettera "e") e *La vita, istruzioni per l'uso*, vincitore del Prix Médicis nel 1978.

W, O IL RICORDO D'INFANZIA

UN LIBRO PROFONDO E INVENTIVO

- **Genere:** romanzo autobiografico

- **Edizione di riferimento:** Perec, G. (2011) *W, o il ricordo d'infanzia*. Trans. Bellos, D. Londra: Vintage Books.

- **1° edizione:** 1975

- **Temi:** Seconda guerra mondiale, infanzia, lotta, sport, immaginazione, morte, memoria

I genitori di Georges Perec erano ebrei di origine polacca e la loro morte durante la Seconda guerra mondiale (1939-1945) ebbe un profondo impatto su di lui. L'autore ne parla in questo libro autobiografico, pubblicato per la prima volta nel 1975. Accanto a questa dolorosa narrazione, Gaspard Winckler, protagonista di un secondo racconto, narra la sua storia fittizia e la storia di W, un'isola apparentemente perfetta e interamente dedicata allo sport. Le due storie, apparentemente non correlate, sono raccontate a capitoli alterni. I capitoli scritti in corsivo (i capitoli dispari nella prima parte e i capitoli pari nella seconda parte) raccontano la storia fittizia di W, mentre i capitoli scritti in testo normale raccontano i ricordi dell'autore.

SINTESI

RICORDI INCERTI

Mentre si accinge a raccontare la sua storia, Perec fatica a raccogliere i ricordi della sua infanzia durante la Seconda guerra mondiale, che sono pieni di lacune e incertezze:

> "Non ho ricordi d'infanzia. Fino al dodicesimo anno di età o giù di lì, la mia storia si riduce ad appena un paio di righe: ho perso mio padre a quattro anni, mia madre a sei; ho trascorso la guerra in varie pensioni a Villard-de-Lans. Nel 1945, la sorella di mio padre e suo marito mi adottarono" (p. 6).

I pochi ricordi che riesce a mettere insieme riguardano fotografie dei genitori che commenta, luoghi della sua vita quotidiana a Parigi e profonde riflessioni sulla scrittura. L'ultima immagine che ha della madre è quella di lei che lo lascia alla Gare de Lyon perché possa recarsi da solo a Grenoble, nella zona franca della Francia, dove la zia Esther si prenderà cura di lui.

Perec inizia la sua narrazione con l'arrivo a Villard-de-Lans, nel sud-est della Francia, nel 1942, dopo aver presentato i vari membri della sua famiglia. Di questo periodo ha solo ricordi disordinati e incoerenti. Sono slegati, come la sua scrittura, e caratterizzati dalla mancanza di punti di riferimento. Lì inizia una nuova vita.

Quando arriva, vive per un po' in una villa chiamata Les Frimas con la zia Esther e la cugina Ela. Ha un ricordo vivido del cavallo-sega a forma di "x" usato per tagliare i tronchi e del suo braccio fratturato. Sono le uniche cose che ricorda chiaramente del suo soggiorno: una porta a una riflessione sulle forme ("x" è composta da due "v", come "w"), mentre la seconda trasforma il dolore psicologico (la guerra, la perdita dei genitori e l'oblio dell'infanzia) in sofferenza fisica.

Poco dopo, Georges viene mandato in un collegio di cui non ricorda il nome, prima di studiare al Collegio Turenne, gestito da due suore e da padre David. Viene battezzato nel 1943. Ricorda le carenze del tempo di guerra e la visita di alcuni tedeschi alla scuola.

Nel 1944, lascia il College Turenne e si reca con la nonna nel villaggio di Lans-en-Vercors, dove viene accusato ingiustamente di aver chiuso una bambina in uno sgabuzzino e messo in isolamento. Dopo la Liberazione, Georges va a vivere con Berthe, sua zia paterna. Henri, il figlio di Berthe, ha qualche anno in più di lui e introduce il ragazzo al piacere della lettura e al gioco delle navi da guerra. Costruiscono bandiere che rappresentano i paesi in guerra. Georges è affascinato da Henri e lo guarda come un modello da seguire. Una volta terminata la guerra, Georges torna a vivere a Parigi, così come sua zia Esther, che lo accoglie in quanto sua madre è morta in un campo di concentramento.

Mentre scrive i suoi ricordi, Georges ricorda la storia di W che aveva ideato quando aveva tredici anni. Si trattava della "vita di una comunità che si occupa esclusivamente di sport, una piccola isola al largo della Terra del Fuoco" (p. 7).

UNA STORIA COMPLETAMENTE DIVERSA

L'eroe di questo romanzo immaginato da Georges è un falsario di nome Gaspard Winckler, che ha cambiato identità e ha adottato questo pseudonimo dopo aver disertato l'esercito. Egli racconta il suo viaggio verso W.

Dopo aver vissuto per tre anni a H., una pensione in Germania, Gaspard riceve una lettera da un certo Otto Apfelstahl che gli chiede di incontrarlo presso l'hotel Berghof. Quando i due uomini si incontrano, Otto interroga Gaspard sulla sua identità. Otto sa che Gaspard Winckler è in realtà uno pseudonimo. Ha i documenti di un giovane sordomuto di nome Gaspard, la cui madre, Caecilia Winkler, appartiene a un'organizzazione che fornisce documenti d'identità a chi ne ha bisogno. Per curare la sordità e il mutismo del giovane Gaspard, dovuti al costante isolamento, la donna parte con lui e quattro passeggeri per fare il giro del mondo. Tuttavia, il loro yacht, il *Sylvander*, sembra affondare misteriosamente mentre si avvicinano alla Terra del Fuoco, un arcipelago al largo del Sud America.

Otto Apfelstahl è membro di un'organizzazione che aiuta i naufraghi e insiste affinché Gaspar vada a cercare il giovane che ha il suo stesso nome e il cui corpo non è stato più ritrovato dopo il naufragio. Dopo aver letto il diario di bordo dello yacht, i due uomini si convincono che durante la traversata deve essere successo qualcosa di terribile. Gaspard Winckler, la cui identità rimane per noi misteriosa, accetta di recarsi in questa terra sconosciuta. Durante il viaggio, raggiunge l'isola di W, che non è lontana dal luogo del naufragio.

UN'ISOLA INTERAMENTE DEDICATA ALLO SPORT

Gaspard offre una descrizione minuziosa di W senza dire al lettore quando o come ci è arrivato, o cosa ci ha fatto. Su quest'isola lo sport la fa da padrone. W comprende quattro villaggi, uno per ogni punto della bussola, dove vivono circa quattrocento atleti tutti maschi. Di questi, circa settanta sono principianti. I ragazzi vivono con ragazze della loro età fino all'adolescenza e si trasferiscono nei villaggi all'età di quattordici anni. Dopo un periodo di isolamento, diventano novizi. L'atletica e la lotta greco-romana sono tra le ventidue discipline sportive. Ci sono quindici atleti per ogni disciplina e per ogni villaggio. Gli sportivi di ogni disciplina gareggiano tra loro, con i villaggi vicini e con i villaggi non collegati, in diversi stadi situati tra i villaggi e nel centro di W.

Periodicamente vengono organizzate grandi competizioni: le Olimpiadi, le Spartachiadi e le Atlantiadi. Durante queste competizioni, gli spettatori e gli organizzatori (composti da funzionari, arbitri, giudici e direttori sportivi) giocano un ruolo importante, in quanto possono decidere di infliggere punizioni, anche capitali, agli atleti. L'obiettivo delle regole imposte dal governo e dagli organizzatori è quello di stimolare negli atleti la fame di vittoria per evitare le punizioni inflitte ai perdenti.

Coloro che salgono sul podio prendono il nome dei primi vincitori di ogni gara. Per questo motivo, alcuni atleti hanno più nomi, mentre la maggior parte di loro non ne ha nessuno. Gli ufficiali di gara non si oppongono all'ingiustizia perché, secondo loro, anche il caso fa parte del gioco. Si riservano

quindi il diritto di interferire in qualsiasi evento e di asse-
gnare agli atleti handicap casuali e arbitrari.

Le donne vengono tenute separate dagli uomini e conse-
gnate nude una volta al mese ai migliori atleti, che le inse-
guono durante le Atlantiadi. Per creare nuovi abitanti per
l'isola, viene organizzato un torneo. Al termine del torneo,
solo pochi uomini si aggiudicano il diritto di fare sesso con le
donne. Poiché le donne sono meno numerose degli uomini,
gli uomini si contendono le donne senza pietà.

In definitiva, la vita a W assomiglia molto a quella nei campi
di concentramento: anche se le vittorie occasionali rendono
la vita degli uomini più confortevole, non permettono loro di
sfuggire al regime dell'isola. Il destino degli atleti è tragico
perché non hanno diritti né libertà. Anni dopo aver inventato
la storia di W, Perec si rese conto con amarezza che le sue
fantasie infantili sui campi di concentramento non erano lon-
tane dalla realtà storica.

STUDIO DEL CARATTERE

NARRAZIONE AUTOBIOGRAFICA (TESTO ORDINARIO)

Georges Perec

Oltre a essere l'autore del libro, Georges Perec è anche il narratore e il protagonista di questa parte della storia. Precise indicazioni dimostrano che l'autore e il narratore/personaggio sono la stessa persona: ad esempio, sono nati entrambi "sabato 7 marzo 1936, verso le nove di sera, in una clinica materna situata al 19 di Rue de l'Atlas, nel XIX arrondissement di Parigi" (p. 19).

Attraverso questa narrazione, l'autore cerca di ricostruire la sua infanzia utilizzando i racconti, i suoi pochi ricordi e i documenti amministrativi. Per questo motivo, l'autenticità del personaggio di Georges Perec da bambino può essere messa in discussione perché è ricercato, ricostruito e immaginato. Alcuni ricordi che il narratore ritiene reali forse non lo sono. È il caso, ad esempio, del braccio rotto di cui parla in più occasioni, in particolare quando descrive la separazione dalla madre, ma che non sa come si sia procurato.

È quindi necessario separare il narratore dal personaggio: anche se il narratore ricostruisce la sua infanzia sulla base di elementi concreti, il suo racconto è più vicino alla finzione che all'autore reale.

I genitori di Georges Perec

I genitori di Georges Perec sono parte integrante dell'infanzia che egli cerca di recuperare. Sono immagini distanti, neutre, verso le quali non esprime alcuna emozione. Non potendo contare sulla memoria, l'autore ne traccia un ritratto sulla base delle informazioni di cui è riuscito a disporre, come fotografie, conversazioni e deduzioni.

Icek Judko Peretz

Icek Judko Peretz è un uomo polacco e padre di Georges Perec. Georges non ha quasi nessun ricordo di lui, a parte un'unica fotografia e la descrizione che ne hanno fatto i suoi cari. Allo scoppio della guerra, il padre di Perec si arruola nell'esercito. Muore il 16 giugno 1940, pochi giorni prima della firma dell'armistizio con la Germania, per una ferita che non può essere curata in tempo. Il piccolo Georges si aggrappa a questa immagine del padre come soldato. In seguito lo idealizza, immaginando per lui una serie di morti eroiche e sviluppando un interesse per le statuette dei soldati. Alcuni anni dopo, quando scopre la verità sulla morte del padre e intraprende un processo di introspezione per recuperare i suoi ricordi d'infanzia, possiamo vedere che suo padre è una figura sconosciuta per lui, descritta solo attraverso le fotografie. La sua morte ci viene raccontata in modo distaccato e ironico.

Cyrla Schulevitz

Cyrla Schulevitz, che prende il nome di Cecile Peretz dopo essersi sposata in Francia, proviene da una numerosa famiglia ebrea polacca fuggita a Parigi all'inizio degli anni Trenta. A Parigi conosce Icek Judko Peretz, lo sposa nel 1934 e dà alla luce Georges, il loro unico figlio, nel 1936. Come nel caso del padre, il narratore ha pochi ricordi della madre. Il suo ultimo ricordo è quello di lei sul binario della Gare de Lyon quando lui parte da solo per le Alpi nel 1942. In seguito cerca di fuggire dalla capitale per evitare la deportazione, ma la persona che avrebbe dovuto portarla via di nascosto non si presenta al loro incontro. Credendo che il fatto di essere vedova le avrebbe risparmiato ogni problema, Cyrla rimane a Parigi e viene deportata nel gennaio 1943.

Senza dubbio a causa dei suoi ricordi vaghi, della morte del padre prima dell'occupazione e della deportazione della madre, l'autore pensa sempre a Cyrla come a una donna giovane e fragile, piena d'amore e sfuggita alle ingiurie del tempo.

Esther

Esther è la zia di Georges da parte di padre. Lo incontra alla stazione ferroviaria di Grenoble e lo adotta dopo la Liberazione. Viene menzionata più volte nella prima parte del libro e svolge un ruolo essenziale nella vita del nipote. La donna contraddice o corregge molti dei ricordi di Perec. Fornendo il punto di vista di Esther su alcuni episodi, l'autore mostra quanto incompleti e lontani dalla realtà possano essere i suoi stessi ricordi. Ad esempio, Georges è convinto di avere un braccio fratturato il giorno della partenza, ma gli altri membri della sua famiglia lo contraddicono: "Né mia zia né mia cugina Ela hanno alcun ricordo di questa frattura" (p. 79).

NARRATIVA DI FINZIONE (CORSIVO)

Gaspard Winckler

Gaspard Winckler è l'eroe e il narratore della narrazione. La data e l'ora della sua nascita sono molto vaghe: ci dice che *"sono nato il 25 giugno 19.. verso le quattro, a R., una frazione di tre case, non lontano da A."* (p. 4). Dopo un breve periodo nell'esercito, diserta, cambia identità e si trasferisce in un albergo tedesco. È l'unico testimone oculare degli incredibili eventi dell'isola di W, da cui è misteriosamente fuggito.

La sua storia è molto nebulosa e sembra essere legata a quella del ragazzo malaticcio e magro di nome Gaspard Winckler, diventato sordo e muto dopo un trauma infantile e di cui l'ex soldato ha preso l'identità. È possibile che questi due personaggi siano in realtà la stessa persona, con uno che rappresenta il presente (l'adulto) e l'altro il passato (il bambino) di un unico uomo: Georges Perec. Secondo questa lettura, l'adulto Gaspard Winckler parte alla ricerca della sua infanzia, come Georges Perec quando scrive il suo libro. Inoltre, l'iniziale del suo nome è la stessa di Perec, mentre la prima lettera del suo cognome fa riferimento all'isola di W.

Il lettore può ragionevolmente supporre che, alla fine della prima parte, Gaspard Winckler parta alla ricerca del ragazzo che porta il suo stesso nome e scopra l'isola di W. L'uso della terza persona singolare nella seconda parte potrebbe essere la prova che egli è stato solo un testimone degli eventi su W, *"e non un attore"* (p. 4).

Inoltre, Gaspard Winckler è anche il protagonista del primo romanzo completato di Perec, *Ritratto d'uomo* (2012), in quanto abile falsario. È quindi un personaggio di fantasia (in *W, o il ricordo d'infanzia*) ritratto in un romanzo (*Ritratto d'uomo*) di Georges Perec, che è anche un personaggio di fantasia nei due romanzi. Questo processo di *mise en abyme* consiste nell'incorporare un'opera in un'altra. Un altro esempio è la commedia del 1634 *L'Illusion Comique* di Pierre Corneille (drammaturgo e poeta francese, 1606-1684), che presenta un teatro nel teatro.

Otto Apfelstahl

Otto Apfelstahl viene presentato come uno dei responsabili del Bureau Veritas, un'organizzazione che si occupa di salvare i naufraghi. Incontra Gaspard Winckler in un caffè e dice di sapere chi è e da chi ha avuto la sua nuova identità. Lo manda quindi a cercare il giovane naufrago Gaspard Winckler, il cui yacht è affondato al largo dell'arcipelago della Terra del Fuoco, in Sud America, e la cui madre è morta nel tentativo di trovare una cura per lui.

Questo personaggio, che ordina a Gaspard Winckler di trovare il bambino che porta il suo stesso nome, potrebbe essere uno psicanalista immaginario che invia un sosia di Georges Perec (Gaspard Winckler) a cercare i suoi ricordi d'infanzia (il giovane sordomuto Gaspard Winckler, disperso nell'oceano). Manet van Montfrans avanza un'ipotesi simile nel suo libro *Georges Perec. La contrainte du réel* (*Georges Perec: la costrizione del reale*). Studiando il nome di Otto Apfelstahl, van Montfrans osserva che:

- l'ultima sillaba del suo nome richiama la casa editrice tedesca Stahlberg, che ha pubblicato la traduzione tedesca di *Le cose. Una storia degli anni Sessanta* di Perec. Questo porrebbe il personaggio di Otto Apfelstahl nel ruolo di un editore che pretende un romanzo dal suo autore;

- il suo nome e l'iniziale del suo cognome potrebbero anche riferirsi all'ambasciatore del Terzo Reich a Parigi durante la guerra, Otto Abetz. Ciò introdurrebbe un legame tra questo personaggio e la Seconda Guerra Mondiale;

- le iniziali del sigillo della lettera, MD, potrebbero riferirsi alla carriera di medico: "Medical Doctor" in inglese o "Magister und Doktor" in tedesco. Questa interpretazione farebbe di lui uno psicanalista che cerca di far ricordare al suo cliente il suo passato.

Caecilia Winckler

Caecilia Winckler è la madre del giovane Gaspard Winckler. È una "*cantante austriaca di fama mondiale*" (p. 22) che si è rifugiata in Svizzera durante la guerra e fa parte di un'organizzazione che fornisce documenti d'identità o passaporti alle persone in difficoltà.

La radice del suo nome è legata alla parola latina *cæcus,* che significa "cieco", un handicap fisico che ricorda quello del figlio Gaspard. Il suo nome riecheggia anche in quello della madre di Georges Perec, Cyrla Schulevitz, più comunemente conosciuta come Cecile. Esiste quindi un chiaro legame tra il personaggio di fantasia e la madre dello scrittore, deportata ad Auschwitz nel 1943. Caecilia salva la vita a Gaspard Winckler dandogli l'identità del proprio figlio, mentre Cecile salva il giovane Georges mettendolo sul treno per Grenoble.

ANALISI

UN'OPERA AUTOBIOGRAFICA ORIGINALE

W, o il ricordo d'infanzia racconta due storie in parallelo tra loro. La prima è quella di Georges Perec, che deve affidarsi a documenti per raccontare al lettore la sua infanzia, non potendo ricordare i primi anni della sua vita. Egli è sia il narratore che il personaggio principale di questa storia. Il secondo racconto, narrato da Gaspard Winckler, un disertore dell'esercito, riguarda la ricerca di un bambino scomparso, di cui il protagonista ha preso il nome. In questo secondo racconto, scritto in corsivo, il narratore descrive la vita sull'isola di W, vicina a uno degli ultimi luoghi in cui il giovane Gaspard è stato prima che il suo yacht affondasse.

Due storie collegate tra loro

Anche se queste due storie sembrano molto diverse tra loro, in realtà hanno molto in comune. Il titolo del libro, *W, o il ricordo d'infanzia*, indica che contiene due storie. La congiunzione coordinante "o" le separa immediatamente. Tuttavia, sottolinea anche il fatto che sono intercambiabili ed equivalenti, poiché il titolo del testo potrebbe essere "W" o "La memoria dell'infanzia". I due elementi si riferiscono quindi a un denominatore comune. Il fatto che "memoria" sia al singolare è significativo: indica che l'autore ha una sola memoria, quella della guerra.

Poiché il romanzo è composto da due parti, si è tentati di pensare che una riguardi la vita di Georges Perec e l'altra quella di Gaspard Winckler. Tuttavia, non è affatto così. Le due storie si alternano a ogni capitolo, il che mette in contrapposizione e quasi in dialogo la narrazione autobiografica e quella di finzione. Solo la tipografia li distingue (quando il narratore è Perec, si usa un carattere ordinario; quando è Gaspard Winckler, il testo è in corsivo).

È facile per il lettore fare dei paralleli tra i due narratori:

- sono entrambi adulti che partono alla ricerca di un bambino che condivide il loro nome: il giovane Perec per l'autore e il ragazzino di cui ha preso il nome per Gaspard;

- sono entrambi orfani, strappati alle loro madri;

- i due bambini hanno più o meno la stessa età: la parte della sua infanzia che Perec cerca di recuperare è il periodo tra la sua nascita e i 12 anni, cioè l'età del giovane Gaspard;

- la prima lettera di Winckler riecheggia il racconto "W" che Perec scrisse quando era più giovane e rimanda alla sua infanzia. Le iniziali G.W. potrebbero quindi riferirsi a un doppio immaginario di Georges, parte del racconto "W";

- i due personaggi sono entrambi in fuga: l'adulto Gaspard, disertore dell'esercito, fugge dalla guerra. Il piccolo Georges ha fatto lo stesso: è fuggito dalla guerra lasciando Parigi per andare a vivere con la zia.

Un patto autobiografico distorto

Quando l'autore cerca di accompagnare i lettori nella ricerca dei suoi ricordi d'infanzia, prende un impegno nei loro confronti: promette loro precisione e onestà (per quanto possibile, visto che in realtà non ricorda quasi nulla della sua infanzia). Nel secondo capitolo che racconta, l'autore dichiara che cercherà di ricordare il suo passato, che è fondamentale per permettergli di capire il suo presente e il suo futuro:

> "Anche se ho l'aiuto solo di istantanee ingiallite, di una manciata di testimonianze oculari e di pochi miseri documenti per sostenere i miei ricordi implausibili, non ho altra alternativa che evocare quello che per troppi anni ho chiamato l'irrevocabile" (p. 12).

Far riaffiorare i propri ricordi con ogni mezzo a disposizione appare all'autore come una necessità per comprendere la propria identità. Tuttavia, non garantisce che la sua memoria possa essere pienamente attendibile: "Le molte variazioni e i dettagli immaginari che ho aggiunto nel raccontarli – a voce o per iscritto – li hanno alterati notevolmente" (p. 13). Fa quindi un patto con il lettore: l'autore si impegna a dare al lettore le informazioni più vicine alla realtà, senza che queste siano necessariamente vere.

Alla ricerca dei ricordi d'infanzia: una narrazione frammentata

Attraverso questa introspezione, Perec cerca di capire l'uomo che è diventato oggi. Quest'opera è anche un modo per guarire dopo il trauma della guerra: il ricordo opprimente del conflitto gli permette di capire perché ha dimenticato questo periodo della sua infanzia. Qui i suoi ricordi sono distorti, sparsi e frammentati: li ripensa come un uomo del presente che cerca di ripercorrere, modificare, completare e giustificare la sua infanzia in modo molto distaccato. Questa frammentazione della sua memoria si riflette nel romanzo.

In effetti, i ricordi appaiono per frammenti, come se fossero emersi solo mentre l'autore scriveva il testo. Questo processo è ancora più evidente quando Perec inizia la sua ricerca commentando un vecchio testo scritto sulle fotografie dei suoi genitori, che utilizza per ripercorrere la loro vita con l'aiuto di elementi esterni alla sua memoria infantile, come documenti, conversazioni e ricerche. Il fatto che il testo sia una ritrascrizione di appunti presi circa quindici anni prima è segnalato dall'autore e dalla tipografia del testo, che è scritto in grassetto. Questa ritrascrizione sembra riaccendere alcuni dettagli nella memoria del narratore, che annota il testo per specificare al lettore le cose che ha imparato da allora. Successivamente, la frammentazione si fa ancora più marcata: i capitoli sono messi in sequenza dai ricordi, che rimangono vaghi e mescolati e non sono disposti in un vero ordine logico.

L'ONNIPRESENZA DELLA SECONDA GUERRA MONDIALE

La guerra che ha ucciso la sua infanzia

Fin dalle prime pagine è chiaro che questa guerra sarà un ostacolo alla ricerca dell'identità del narratore. Nel secondo capitolo, Perec dice:

> *"Ero scusato: una storia diversa, la Storia con la H maiuscola, aveva risposto alla domanda al mio posto: la guerra, i campi" (p. 6).*

Infatti, possiamo notare che la guerra è stata particolarmente devastante per la sua famiglia e che gli ha portato via entrambi i genitori: il padre al fronte e la madre dopo la deportazione. La guerra è quindi la causa dei suoi problemi di memoria e ha avuto una forte influenza sui primi anni della sua vita. Possiamo anche notare che la data di nascita dell'autore corrisponde alla rimilitarizzazione della Renania, una regione della Germania occidentale: il Paese si sta preparando a futuri sforzi militari e conflitti. Infine, la guerra è anche ciò che spinge Perec a inventare la sua infanzia, quando ha circa tredici anni, scrivendo la storia di "W", che continua qui. Secondo l'autore, si tratta "se non della storia della mia infanzia, almeno di una storia della mia infanzia" (ibid.).

L'isola di W: una rappresentazione del nazismo

La descrizione dell'isola di W e dei suoi costumi occupa un posto centrale nel romanzo. Sull'isola, governata da funzionari, lo sport agonistico è incoraggiato e costantemente celebrato. I ragazzi dell'isola vengono addestrati a diventare atleti fin dall'adolescenza. Una serie di elementi potrebbe indurre il lettore a considerare le usanze dell'isola come una metafora del nazismo.

- **La società di W è una dittatura:** gli sportivi non hanno libertà di movimento e dipendono da un governo isolato, situato lontano da loro in una torre. Non hanno alcun controllo sul proprio destino e devono seguire tutti gli ordini che vengono loro impartiti. Non conoscono il mondo esterno e non provano nemmeno a ribellarsi.

- **L'allenamento sportivo intensivo ricorda la Gioventù hitleriana,** un'organizzazione giovanile del Terzo Reich (lo Stato tedesco tra il 1933 e il 1945) che indottrinava e preparava i futuri soldati alla guerra. Veniva incoraggiata l'istruzione fisica e la denuncia dei più deboli; non sarebbe azzardato paragonare questa organizzazione giovanile all'addestramento degli sportivi in W, che favorisce i vincitori e porta al maltrattamento dei perdenti.

- Le descrizioni indicano che **l'isola è molto strutturata.** Gli sportivi sono alloggiati in quattro villaggi e uomini e donne sono separati a partire dalla pubertà. Ogni zona è circondata da recinzioni elettriche. Le diverse strutture dell'isola sono come prigioni ineluttabili, circondate da reti ad alta tensione. Si può fare un parallelo con l'organizzazione dei campi di concentramento.

- La scelta di **raffigurare i Giochi Olimpici** può anche ricordare le Olimpiadi che Hitler (Führer della Germania, 1889-1945) organizzò come Cancelliere durante i suoi primi anni di potere. Egli utilizzò i Giochi come propaganda per promuovere il nazismo e la razza ariana, e la Germania si aggiudicò il primo posto nel medagliere. Inoltre, i Giochi Olimpici sotto Hitler si svolsero nel 1936, l'anno di nascita di Perec.

- Infine, Perec cita *Univers concentrationnaire* di David Rousset (scrittore e politico francese, 1912-1997) alla fine del suo libro e rende esplicito questo parallelo:

> *"La struttura dei campi di punizione è determinata da due politiche fondamentali: nessun lavoro se non quello "sportivo" e alimentazione irrisoria. La maggior parte dei detenuti non lavora affatto, il che significa che il lavoro, anche quello più duro, è visto come una fuga. Anche il lavoro più piccolo deve essere svolto alla massima velocità"* (p. 163).

La citazione rende il lettore consapevole della somiglianza tra i campi e l'isola, sia per l'organizzazione che per lo stile della narrazione. Infatti, i capitoli che descrivono l'isola di W sono caratterizzati da un tono monotono, quasi da documentazione storica. Non c'è alcuna soggettività visibile. Il narratore usa un tono neutro per descrivere anche i peggiori orrori dell'isola, come le Atlantiadi, gare in cui gli atleti competono per il privilegio di stuprare pubblicamente una donna al fine di perpetuare la vita sull'isola.

L'INFLUENZA DI OULIPO

L'Oulipo, abbreviazione di *Ouvroir de littérature potentielle*, ovvero "laboratorio di letteratura potenziale", è un tipo di scrittura sperimentale che prevede l'imposizione di vincoli testuali alla scrittura. Gli autori si pongono la sfida di superare questi vincoli per creare la loro opera. Questo approccio prevede soprattutto di giocare, lavorare e sperimentare con il linguaggio, esplorando tutte le sue possibilità e rendendo la scrittura interattiva, permettendo così all'autore di sfruttarne appieno il potenziale. Perec era appassionato di questo tipo di scrittura e ne ha lasciato diverse tracce in *W, o il ricordo d'infanzia*.

Gioco di parole

L'autore gioca costantemente con le parole, i loro possibili significati nascosti, i loro omonimi e i loro omofoni. Questo fenomeno è visibile in diverse occasioni.

- **La dedica.** Perec dedica il libro a "E", senza fornire ulteriori dettagli:
  - potrebbe essere l'iniziale di un nome – forse, ad esempio, la zia Esther, che si prese cura di lui durante la guerra;

- potrebbe anche significare la prima lettera della parola francese *enfance* ("infanzia"): la dedica potrebbe quindi riferirsi direttamente al tempo che sta cercando di ritrovare;

- infine, E è la lettera che manca in tutto il romanzo di Perec *La scomparsa,* e che nessuno riesce a trovare. Il lettore potrebbe quindi vedere un legame tra la scomparsa della lettera E e la scomparsa dell'infanzia di Perec.

- **"Storia con la H maiuscola"** (p. 6). Nel testo originale francese, l'autore gioca con l'omofonia, poiché la lettera H ha la stessa pronuncia della parola *hache* ("ascia"). Tracciando un parallelo tra la storia con la sua grande H e la storia con la sua grande ascia, l'autore sottolinea la natura omicida della storia, che ha un'arma che uccide e distrugge tutto ciò che trova sul suo cammino, toglie vite e ruba ricordi.

Giocare con i numeri

L'autore gioca anche con i numeri, e in particolare con il 36, che si riferisce all'anno di nascita.

- Il libro, che simboleggia la ricerca di questa "Memoria dell'infanzia", comprende 36 capitoli, oltre a un breve capitolo in testo ordinario (che funge da conclusione) in cui Perec non ricorda cosa lo abbia spinto a descrivere W quando era adolescente. Questo 37° capitolo è stato scritto poco dopo il 37° compleanno dell'autore.

- I Giochi Olimpici, usati come metafora del nazismo, si riferiscono alle Olimpiadi del 1936, che si svolsero a Berlino sotto Hitler.

Anche i numeri due e quattro sono molto importanti nel romanzo. Il numero quattro ha alcune proprietà matematiche interessanti: è il risultato dei calcoli 2+2, 2x2 e 2^2. Il due e il quattro sono onnipresenti nel romanzo. In effetti, tutto è raddoppiato in questa narrazione autobiografica.

- Il titolo preannuncia già questa duplicità attraverso la "W", che è scritta come due "v" e simboleggia il doppio della vita di Perec, Gaspard Winckler. Poiché la "v" è composta da due rami, raddoppiandola si ottiene una lettera composta da quattro tratti, la "w".

- Il libro è diviso in due parti. La prima riguarda i ricordi della vita dell'autore a Rue Vilin a Parigi, mentre la seconda è ambientata a Villard-de-Lans. Si tratta di due vite distinte, ciascuna delle quali si svolge in un luogo che inizia con la lettera "v".

- L'isola di W, sede di una società rigorosamente organizzata, è disposta come un quadrato (un quadrilatero con quattro lati uguali) contenente quattro villaggi di atleti ("*quattro insediamenti chiamati semplicemente "villaggi"*", p. 71).

Giocare con forme e segni

Oltre a giocare con suoni, lettere, parole e numeri, Perec sperimenta anche con le forme. Nel secondo capitolo parla di una forma disegnata da bambino, la cui parte superiore assomiglia un po' a una svastica.

L'autore scompone e riorganizza anche la forma della W: potrebbe essere trasformata in una X, in una svastica, in un crocifisso, in triangoli o nella Stella di Davide. Inoltre, la W sui vestiti degli atleti dell'isola di W potrebbe riferirsi al simbolo nazista:

> "[La] figura di base è la doppia V […] due V unite da punta a punta formano la forma di una X; prolungando i rami della X con segmenti perpendicolari di uguale lunghezza, si ottiene una svastica […] ponendo due coppie di V da testa a coda si ottiene una figura i cui rami devono essere uniti solo orizzontalmente per formare una stella di Davide" (p. 77).

Inoltre, quando sono alle prime armi, gli sportivi indossano un triangolo che punta verso il basso o verso l'alto (il motivo di questo posizionamento non sembra chiaro all'autore). Unendo i due triangoli si ottiene una Stella di Davide. In questo modo, l'isola assomiglia ai campi di concentramento e il fatto che gli sportivi alle prime armi portino un triangolo cucito sul retro dei loro vestiti significa che non rappresentano degli sportivi, ma dei prigionieri appartenenti a diversi gruppi di prigionieri. Unendo i due triangoli a formare una stella, si possono addirittura paragonare agli ebrei.

I giochi dell'autore si svolgono su più livelli, dando vita a un intricato groviglio di misteri. Perec seleziona meticolosamente ogni dettaglio e lo organizza in modo che tutti gli elementi siano interconnessi. I fili da dipanare sono molti, sia per l'autore che cerca di trovarne la fine, cioè il suo ricordo d'infanzia, sia per il lettore che scopre gradualmente i vari misteri del testo.

ESPRIMERE L'INDICIBILE

In questa ricerca dei suoi ricordi d'infanzia, possiamo notare che il narratore opta per un tono neutro e privo di emozioni.

- La morte dei suoi genitori è raccontata in modo inespressivo, molto concreto, senza alcun accenno di emozione: "Mio padre era morto di una morte lenta e stupida" (p. 29).

- Gli orribili eventi che si verificano sull'isola di W non suscitano alcun sentimento reale nel narratore. Sono descritti come se facessero parte di un documentario, come si vede quando ci parla delle Atlantiadi. Il narratore conclude la sgradevole descrizione della gara con una nota che si distacca dalla crudeltà del gioco: *"Questa procedura speciale, che rende le Atlantiadi diverse da qualsiasi altra gara a W, ha, come si può immaginare, diverse conseguenze degne di nota"* (p. 125).

Tuttavia, anche se questa apparente neutralità non trasmette lo stato d'animo dell'autore, lascia intendere la profonda ferita che ha subito. Questa ferita è causata essenzialmente dallo shock del ricordo che non può recuperare. Infine, la violenza e il dolore, che hanno una presenza molto forte nel testo, potrebbero nascondere una ferita mentale piuttosto che fisica nell'autore:

- sembra ricordare che il braccio era imbragato quando la madre lo portò alla stazione ferroviaria, ma in realtà lo ha immaginato. È possibile che questa sensazione fisica sostituisca lo shock psicologico causato dalla separazione tra madre e figlio e lo strazio di questa partenza improvvisa;

- la sofferenza fisica inflitta agli sportivi dell'isola di W può essere vista anche come uno strappo lasciato nel passato dell'autore dalla guerra. La Storia gli ha rubato la sua stessa storia.

Anche il fatto che Gaspard Winckler sia sordo e muto è significativo. Il piccolo Gaspard non può dire ciò che sente o ascoltare ciò che gli viene chiesto. In questo è in qualche modo simile al giovane Georges che l'autore guarda indietro. È imprendibile e né Georges né l'adulto Gaspard riescono a trovare ciò che cercano. Inoltre, potremmo considerare Gaspard Winckler come il simbolo del trauma che la guerra ha inflitto alla vita e alla psiche dell'autore.

L'originale narrazione autobiografica descrive quindi l'impossibile ricerca dell'autore di recuperare la sua memoria infantile, nonché il periodo responsabile di questa amnesia: la guerra. L'unico modo che Perec ha per rappresentare l'angoscia di non poter ricordare o esprimere liberamente le sofferenze che la guerra gli ha causato è quello di cercare un equivalente attraverso la scrittura, cioè la narrativa. Il lettore è invitato a partecipare attivamente a questa ricerca e a cercare di dipanare il lungo filo di cui l'autore cerca la fine. In questo modo, il romanzo può essere letto come uno scambio tra finzione e realtà che, mostrando l'impatto schiacciante della guerra sulla vita del giovane Perec, denuncia anche gli orrori di questo periodo.

ULTERIORI RIFLESSIONI

ALCUNE DOMANDE SU CUI RIFLETTERE...

- *W, o il ricordo d'infanzia*, è sia una narrazione autobiografica che una storia di fantasia. Spiegate questa apparente contraddizione.

- Secondo voi, qual è l'obiettivo dell'autore nell'alternare le due storie?

- Cosa si può dire delle diverse tipografie del testo?

- La prima frase del secondo capitolo è: "Non ho ricordi d'infanzia" (p. 6). Questa frase contraddice il contenuto del libro? Sviluppate la vostra risposta.

- La vita a W è interamente dedicata allo sport. Spiegate come le condizioni di vita degli atleti assomiglino a quelle dei prigionieri ebrei.

- Questo significa che Perec ha una visione negativa dello sport e, per estensione, dei giochi?

- Il motto di W è: "Più veloce, più alto, più forte" (p. 140). Il motto dei nazisti, esposto sul cancello all'ingresso del campo di concentramento di Auschwitz, è *Arbeit macht frei* ("Il lavoro rende liberi"). Lo slogan di Pierre de Coubertin, il padre delle Olimpiadi moderne, è *L'important c'est de participer* ("L'importante è partecipare"). Questi tre motti sono in contraddizione tra loro? Ci sono delle somiglianze tra i primi due? Spiegate la vostra risposta.

- Fino a che punto si può dire che Gaspard Winckler è un doppio immaginario di Georges Perec?

- Il capitolo 37 parla di un evento avvenuto durante la stesura del libro e che risuona con W. Di che cosa si tratta? Spiegate questa risonanza.

- Perec era un sostenitore dei metodi creativi dell'Oulipo e la sua opera è spesso plasmata da vincoli stilistici o giochi di forma. Riuscite a individuare qualcuno di questi elementi in *W, o il ricordo d'infanzia*?

ULTERIORI LETTURE

EDIZIONE DI RIFERIMENTO

Perec, G. (2011) *W, o il ricordo d'infanzia*. Trans. Bellos, D. Londra: Vintage Books.

STUDI DI RIFERIMENTO

Van Monfrans, M. (1999) *Georges Perec. La Contrainte du réel*. Amsterdam: Éditions Rodopi.

Vogliamo sapere da voi!
Lasciate un commento sulla vostra biblioteca online
e condividete i vostri libri preferiti sui social media!

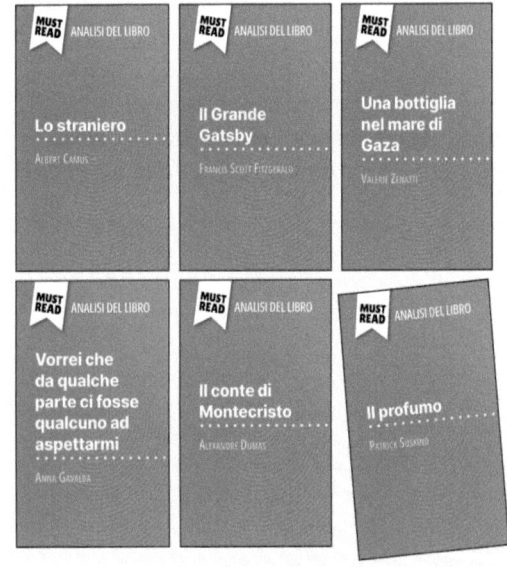

Sebbene l'editore faccia ogni sforzo per verificare l'accuratezza delle informazioni pubblicate, 50minutes.com non si assume alcuna responsabilità per il contenuto di questo libro.

www.50minutes.com

Master ISBN: 9782808690171
ISBN cartaceo: 9782808611572
Deposito legale: D/2023/12603/1437

Copertura: © Primento

Concezione digitale a cura di Primento, il partner digitale degli editori.